I0748311

Hanzi Huchi Hwenduri – Kubva Mukati Kati

Ushehwedu Kufakurinani

First published in Great Britain in 2025 by:

Carnelian Heart Publishing Ltd
Suite A
82 James Carter Road
Mildenhall
Suffolk
IP28 7DE
UK

www.carnelianheartpublishing.co.uk

Copyright © Ushehwedu Kufakurinani 2025

Paperback ISBN   978-1-914287-87-9

A CIP catalogue record for this book is available from the British Library.

All rights reserved. No part of this publication may be reproduced, stored in a retrieval system or transmitted in any form or by any means, electronic, mechanical, photocopying, recording or otherwise without prior written permission from the publisher.

Editor: Tinashe Muchuri

Cover:

Artwork - 'Honey Pot' (2024), by Samantha Rumbidzai Vazhure (Chitende Fine Art)

Layout - Rebeca Covers

Interior:

Typeset by Carnelian Heart Publishing Ltd

Layout and formatting by DanTs Media

Nhungamidzo

Huchi chikafu chinozipa samare chinonzizve chine kurapa muviri kunokurudzirwa nanamazvikokota. Ukadya uchi unonwira mvura. Asika tikakuti enda unomora vazhinji tinotya zvikuru kana tisina kupfeka kwakafanira nekuti tinoziva kuti ukasaitamba mushe tsoro yacho panoita mbiri, nhatu kana zhinji dzinokuti ndure. Izvi zvinodaro kana mutambo wokumora uchi usati wonyatsougona. Ndizvo zvimwe nenduri dzamuri kupakurirwa nanyanduri Ushehwedu Kufakurinani Chireshe. Induri dzinozipa zvekuti unonzwa gotsi kuti papata. Asi handivimbisi kuti asarudza kumora huchi uhwu haawani nhetembo imwe, mbiri, nhatu kana zhinji dzichasiya zvimborera!

NaU. Kufakurinani

Table of Contents

Rupiro

Kune vose vane rudo rwune chitsama rwavanondipakurira siku nesikati.

Kwauri iwe Muverengi weFesibhuku

Kwaziwai muverengi weChisochebhuku.
Tinoti ranhasi izuva guru.
Waita mukana wekuverenga kano kadetembo kaduku,
kanozipa kudarika sadza neguru.
Ndapedza kuipaumba nhetembo ndiri pano pachuru,
wega uchaita mibvunzo mikuru.

PaChisochebhuku inhapitapi namasahwira,
tichibata dzeuyu neuyu dzavanotipira.
vamwe ndipo patinorarira, kuswera nekudyira,
Takateya meso kunzwa kumashamwari navadiwa.
Kana dziri dzerudo ndipo patinodzivhiyira.

Isu vamwe tokurukura ipapo dzakare,
tichiri pwere samare,
tichitamba mitambo pamaware,
idzo dzekuchikoro vanaLoreto, Kutama kana Rupare.
Todzivhiya dzese nedzinosiya vanhu vasingafare.

Kunyanya idzo dzekuchikoro,
torangaridzana venyambo vanaTororo.
Tokurukura vadzidzi vaishuva kuti tisaita makororo.
Totaura mazuva aya atainzvenga tichindonwa tototo.
Aiwa, kuri kubatwa taichiwona icho chimoto!

Tiripozve paChisochebhuku tinopakurirwa setswa.
Ukasachenjera unoseka ukafa tikakupeta.
Imwe mifananidzo kuiti ba woita sowodhedhwa.
Dzimwe nyaya kungoti verenge musetswa watomedzwa.
Asi hadzisi dzose dzinoremekedzwa.

Kana ari iwo masahwira aya itakataka,
Ari mabhavhadheyi kurangarira haichizi nyaya.
Wakarivara shoko paChisoschebhuku rinongonzi mwaya.
Chero ukati ukanganwe mangwana rinopamhwa.
Richisvika zuva, iwe chipata pata kunge pashandwa.

Chakufadza nechakugumbura pachisochebhuku wabaya.
Wese wese zvake otoziva kuti chakachaya.
Hakuchisina matenga akafukidza dzimba,
nekuti pavanhu yechidembo toivhiya iyo yatadzimba.

Aa! Pamwe ndiko kwacho kupindana kwamazuva,
asi ngatichenjere kuzvicherera makuva.

Kune dzimwe nzvimbo ichochi Chisochebhuku,
chiri kushandiswa nedzimwe nhubu.
Pwere dzokanganiswa dzichangobubudza,
pfungwa dzadzo dzangozara zvemugudza.
Kana pwere dziri paChisochebhuku motodzifudza!

Pamafashafasha echisochebhuku idambawakachenjera,
ukasachenjera ipapo unogona kupengera,
ukasapengerapo mukadzi kana murume wako unochengera,
ukasamuchengera kwese kunopera kutendera,
kukasapera kutendera mari unogona kupedzerwa,
mari ukasapedzerwa,
hwako upenyu unosiya mune humwe wopfekerwa!

Ndangariro dzekuchikoro – Kake kake

Ndikafunga ekuchikoro makore,
dzimweni dzenguva ndinoshatirwa chose.
Ndati ndikareva senyaya,
vazhinji munganditi ndashaya.
Nokudaro dzangu ndagariro ndokupai dziri nduri,
pamwe mungazondikurukurawo nedzenyu mhuri.

Kuchikoro handikanganwe rino rume,
ranga risingasekereri kana mwana mumwe.
Raive nebwoni bwenyoka,
taikungura kuti dai paita wanunga dzake shoka.
Rume iri ndiro raichengeta vanakomana kumagota.
Pese paraitaura kwaingova kupopota.
Kungoriwona richifamba mumugwagwa,
waitonzvenga pasina nemhosva yambobatwa.

Rimwe zuva pakaitawo akashinhwa,
asinganyare asina matyira,
kunzvenga izvo zvaive kwese kwese zvimbuzi,
kwave kundoti tsve pamhene sembudzi.
Kuzviti ba rume riye ndiye ukasha!
Vana vechikoro havana kuitirwa nyasha.
Kudonzi waita izvi ndiyani? Zii.
Muridzi wepasuru iyi uripi? Mwii.
Pakadai pane waiti ndini!
Mibvunzo iyi takashaya kuti yaibvunzirwa chinyi.

Rume rakashatirwa rikati hamundigoni,
mese zvamaungana kudai hamuchaponi,
mumwe nemumwe zvikanzi wotakura kake kake,
Kadimbu kepasuru yeuye aita mazvakezvake!
Takatapudza iro dutu tichindorasha.
Tese takaita hasha.
Asi waidziitira ani?
Kusina amai hakuendwi kani!

Chero ndimwiwo munotiwo kudini?
Munoiona sei yakadai pfini?
Ndikafunga rume irori,
ndinongofunga nyayi iyoyi.

Mutinhimira - Chamutavanhava

Ndini zvangu kukwidza makata,
ndakapfeka angu madzapata,
dzangu pfungwa dziri kuhakata,
pamwe tingageza nhamo yaramba yakati namata.
Kana kuri kukereke ndakambobvunzira kumafata,
vakati chimboedza iko kunamata,
asi urombo hwaramba hwondisveta senhata,
vekumatongo vose vondiziva nekukwata,
ari mamwe mazuva ndinotorarira chakata.
Pandinorara handizivi chinonzi mudhuri kana rata.
Ndazotamba chamutavanhava pamana,
hwangu upenyu hwazosvika pakashata,
ndafunga kuhuyanika uko kwakadaro kuchakasara!

Kumbaiti go

Unorevesa mwana wehanzvadzi,
kuti uhwu ndihwo upenyu hwawada?
Upenyu hwekungoti chose ndipowo usina nyadzi,
kana nekuteerera avamwe mazano hauchada!
Wasiyaneyiko neari muguva?
Unosarudza kumuka wakarara zuva nezuva.
Rinobuda zuva wakazvipfigira,
rosvika pakunyura wakangozvikwidibira,
unoti upenyu inyore zvatakadai?
Icho chakakubata chakakubata pai?
Munhu watakafundisa akapedzeredza!
Mabhuku emagwaro epamusoro wakaamedza,
asi kuti utiwo ndotsvaka chouviri sevamwe kwete!
Zvino upenyu here kuswera wakambaiti go?

Zvogozodini?

Ndine wanguwo mubvunzo veduwe, ndaenda kuchikoro ano
mabhuku ndatsenga,
ndapinda mune zvematongerwo enyika,
ndaitwa mutungamiri weose madzinza,
ndaita mari inonzi mari, hapana anonditevera,
ndavaka mizvambarara yedzimba,
asi ipapo ndinorara mumahotera!
Vakadzi ndatora vatanhatu kana kudarika,
vana ndadzvara nyika yose,
motokari ndinofamba neyakaburwa zuro!
Zvigozodini?
Rufu ndimaenzanise!

Mhinduro

Newewo uchinyanya kumuregerera!
Ndiri ini, neni taipedzerana.
Mangwana akapamha zvakare,
mupe mhinduro usambonyarara.
Mupe mhinduro yedzimhinduro.
Mupe mhinduro inomusiya aparara.
Pooti, ko zvambodini nhasi?
Iwe ibva watomukandisa mapfumo pasi.
Mupe mhinduro isina mhinduro,
ega achazviona kuti masamba asiyana.

Tikasvora tingasvorwa

Vekwangu ndibatsirei kutenda.
Upenyu hwangu nhasi hwajeka.
Vana amai vaibhindauka kutsvaka dzimari,
Tikaendeswa kuzvikoro tikatungamirirwa ndiMwari.
Vadzidzisi vakatipakurira umbowo,
dzidziso yeupenyu nezvimwe vaitipawo.
Neukowo vanambuya vaitumira zvimutetenerwa,
pamwe zvaitotanga zvadeketerwa!
Tingazivei hedu kunze kwekuti takakunda?
Kana iri budiriro, mumaoko takatoipfunda,
hakuna kwainoenda nako ipapo tinoramba!
Handingati ipo chaipo chaipo ndasvika,
asika ipo pandasvika handisvori,
tikasvora, tingasvorwa.

Mbodza

Ini ndanonokerwa, zhara yandibata.
Rega ndimone kangu kasadza,
nditove tove yangu nzara,
ndikamone nekukasika ndingafe.

Ndini uyo kapoto kangu pachoto.
Ndakuchidzira hero rimi,
gare gare kapoto dongo,
gare gare kapoto dongo!

Ndakuchidzira ndichikanda tutsotso.
Gare gare dongo,
gare gare dongo,
izvi zvinenge zvaita izvi!

Chekumirira hapana.
Ndini uyo upfu mwaya,
ko zvekupima zvinozivikanwa nani?
Ko iwo musika uri papi?
Tsvagei tsvagei, ndashaya.
Izvi zvingandinetsa!

Ndokurungira upfu husagara pasi.
Zvenge zvodondana, ndombozviti tsve.
Gare gare dongo,
Gare gare dongo,
chinono chinengwe!

Chinouya chinotiwana mberi.
Upfu hwangu kandei kandei,
ini mone mone!
Ah, zvakanenge kadhinha!
Iwo mapundu, wenge wabika nemavhiringa!
Zvinaani, ini ndotongopakura!

Veduwe nzara yange yondibvunza mutupo.
Musuva nonge, muromo ndonye!
Vehamawee, mbodza haidyiki,
naBhoki wakangoswera wakaitarisawo!
Hwako upenyu uri kubikei?

Muzivi

Anoti ndini muzivi ngaazvidudze!
Akasunga mbambo dzoupenyu kuti shwi, ndoupi?
Ndati muzive wezvose ndiani?
Anoti chandisingazive hapana ndiani?
Munonyarara, hamundinzwisu?
Makwindimara, ndabvunza zvisinganzwike?
Eheka, anozviti ndinoziva ngaazvipembedzeka!
Toda timuzive timugwadamire,
timuzive, timuite mambo wamadzinza ose.
Iwe unozviti muzivi,
chausingazive ndechekuti hauzive kuti hauzive!

Kujuruja majuru

Kana tichijuruja majuru,
pane kuitawo kwekujuruja.
Tinotsvaka kano kakapfava kanhokwe,
hatingononge kese kese, kwete!
Hakafaniri kunyanya kutetepa,
nokuti kangasaremo muchuru.
Hakafaniriwo kunyanyisa kukora,
kangazoramba kufamba nemwena.

Hatingoti chero rutanda totora togofa, ayewa!
Majuru haasi nguruve mwachewe, majuru!
Tinotora nhokwe yedu toiti nyorovedzei netumate.
Vanoda voitsengerera zviri kure,
tinobva taibaira mumwena zvinyoronyoro.
Taiti pfe, tombomira kanguva majuru achirumira!
Hapano pakuzvomora uno murakwatira wamasoja.
Topotsera hedu muchikanga,
nhasi tinozviruma nekunakirwa!

Rangu shoko kwauri ndinoti,
wechida chiro juruja nemwero!

Kunyarara kutaura

Ukaona uchikwazisa munhu,
iye oramba akaruma muromo,
oramba akatsikitsira hake seasingakunzwi,
wopamhazve asi pasina mhinduro,
ziva kuti mhinduro watopuwa.
Iko kunyarara kune zvakwatoreva.

Wokumbira munhu ruregerero,
iye woramba wakati zvake mwi,
wodetemba wogwagwadza,
kupera ura uchidembademba,
asi iye pasina kana chaanoreva,
ibva waziva kuti pane chatorehwa.

Uri pavazhinji vari kufara,
woti rega ndiputsewo vamwe nesetswa,
wanike wechipedza kutaura vose vangoti tuzu,
vamwe vava kungomanyisa manyisa maziso,
vamwewo havachasanganisi maziso avo neako,
ziva kunyarara uku kune zvakwareva.

Muno muudza makobvu namatete,
kana ari mashoko hapana ramusina kumuudza,
asi iye wake muromo anongosona!
Musafunga kuti chituta,
kwake kunyarara mukanyatsoteerera,
muchanzwa kuti pane zvakunotaura.

Unoramba uchimunyorera mashoko erudo,
wapamha wapamhazve ipo pawatsapu pakarehwa,
uchimuti kana nehope hadzisi kuuya!
Nazvinowo dzisiri kuuya!
Usazvinetsa mwachewe, mhinduro wakapuwa kare,
nekuti kunyarara kutaura.

Mkoma Dhinha

Ndarangarira ndichikura tichihukomana hutoko.
Tainge tava kuenda zvedu kuzvikoro,
uko taifundiswa zvemabhoyisikauti.
Taidzidza kurarama pasina tunana tsvigiri kana sauti.
Tichiitiswa zveupenyu hwemusango.
Tichidzidziswa kuvaka misasa nemapango.
Dzidzo idzi dzaive pamwoyo pedu.
Tadzoka kumba taiita mahumbwe kuvaka tumisasa twedu.

Zvino paivewo nevakuru kwatiri,
vaitungamirirwa namukoma Dhinha Chipikiri.
Mukoma Dhinha vaityisa sebhinya.
Isu taifunga kuti vaive kabhinyana.
Hapana aiti bufu kana vachitaura.
Chiso chavo chaiita sechakadhindwa nembaura.
Mucheche kungovati ba, aiyuwira!
Ndivo vedu mukoma Dhinha, vaityiwa!

Mkoma Dhinha vaive vakavakawo kavo,
kamusasa kavaitambirawo neshamwari dzavo.
Ini naTonono tikati mumwe musi ngativakaurise.
Ndiye masikati machena hutu takananga kwazvakarehwa!
Takasvika pakati hwa ndiye pindikiti mumusasa wegandanga.
Ini naTonono ndiye tonono kuzvibatsira.
Chiriporipocho takanzwa manzwi ari nechekure.
Ndiye dongo, wanike ndisabhuku nevanhu vake!
Vhudzi nyandu, hana mabanan'ana.
"Pano tapera, taitwa kanyama kanyama!"

Ini ndini kuzoti Tonono chinono chinengwe,
maoko zvandiinawo wani foshoro dzedenga!
Mikonde nonge kwakadaro kutu.
Tonono wakandibatsira hana dzichiridza ngoma.
Ndikoka kurumwa nechekuchera!
Takachimbidzobuda ndiye dhumadhuma.
"Kwaziwai mukoma Dhinha."
Takazongovakwazisa nemuromo chete,
maoko ari kumusana.

Mwedzi mipfumbamwe, mwedzi mishanu

Ndikafunga hwangu hupenyu
ndinombozvibvunza,
"Jehova kwandiri mupenyu?"
Ndikafunga pandakambopinda nepandinopinda
ndinozvibvunza,
"Rangu ropa rakananzvwa neiko machinda?"
Kuti mwedzi mipfumbamwe, mwedzi mishanu!
Nyadenga vamwe wani munovanzwa!
Ini munondinzwa here mundijekese zvakavanzwa?
Kuti mwedzi mipfumbabwe, mwedzi mishanu here?
Dai ndakaziva kuti magumo acho yaizova mhere,
ndakagara ndakagadzirira,
iro zuva irori rekurira!
Zvandaiti makandirangarira mukatungamira,
ndakasenga ndikasunda ndikasvika pakugomerawo ndamirira.
Ndaimirira iyoyi mwedzi mipfumbamwe, mwedzi mishanu?
Inga takapembera wani tichiti tawanirwa nyasha!
Zvakwaiva kusaziva yamakatigadzirira shamhu,
kuti panopera mwedzi mishanu,
taizosara tiine uturu neukasha!
Mwedzi mipfumbamwe ndakatakura,
mwedzi mishanu mwanangu ari pano pasi!
Mwari kuita kwenyu hatikunzwisisi asi,
pasi rinodya hariguti tinozviziva,
asi kumedzawo nerusvava zvinotidzimba, zvinotiziyisa!

Misodzi pamatama ndaomesa.
tariro yangu handina kurasha chero zvoomesa.
Ndafunga Anesu rugotwe rwangu,
aive chidimbu chemwoyo wangu.

Pasi parohwa nenyundo

Toti chinyiko nezvava kuitika nhasi?
Toti kupindana kwamazuva, asi?
Chiiko chamedza nyika dzino?
Kuti ndicho here chavanoti chizvinozvino?
Pwere hadzichazive kuti mukuru anokwaziswa!
Hakuchina chinotyisa kana kushamisa!
Vakadzi pachavo voita ushamwari hwechikwinyanguwo,
navarumewo, vakati nesuwo!
Unonzwa kumwe kuti mufundisi wakabata chibharo!
Kumwewo vamwe vanotorana mabhaisikopu vachiita bonde zvavo!
Pamafashafasha zvomwaiwa, zvonzi honaiwo upenyu kwahwo!
Zvokwadi vakafa vari kufufutirwa, vari kutushurwa neshungu.
Vari kupinduka vapindukazve nekuda kwehwedu hunhubu.
Vanasikana votengesa miviri sovotengesa madomasi pamusika,
vangadiiwo upenyu hwavo hwakaminama hwakaputsika!
Vakomanawo mafaro akapfurikidza haachatyisa,
vamwe votorana nanamai vavo vakavayamwisa!
Mhedzisiro yazvo zvese matenda ati nesu nama!
Nhasi tinongofamba setakagwinya asi azere munyama.
Wapusawo unongohakwamo zvichitofambira mberi,
mangwanawo wondohaka wakowo kuseri,
ko tingatyeyi tine uchenjeri,
uchenjeri hwekurarama setakagwinya asi tine zvakavanzika?
Zvokwadi kana ndakatarira nyika yapunzika.
Kana riri dzvetsva, zvechinyakare zvakapera!
Mazuvano kungoenda padandemutande, ndatopedza!
Muroora wamai hoyu, ndauya naye.
Zvekuti tsvakanai vamatongo ndezvekare!
Ushamwari chaihwo hauchina chiremera.
Pafesibhuku ma*shamwari* anokunda saga rechimera!
Mai, baba nasekuru zvava shamwari dzako.
Shefu wako, ambuya natezvara vava masahwira ako!
Ko shamwaridzanai henyu, ndamboti kudini?
Ndezvemeso, iniwo ndingadini?

Patakambopinda

Makore makumi maviri nemasere tawana kuzvitonga,
nyika yakapinda pasina kumbopindwa pasi rose.
Vanhu taifamba asi dzedu pfungwa dzisi pamwe.
Kubata mari mangwanani masikati yainge yave kapepa.
Mwedzi waipera mwana wevhu achibuda ziya,
asi pakundoforera aidzimbikana chose.
Waitenda wadzoka kwawafamba.
Pakudzoka muchovha waigona wakwira,
mari yawakabata wanikwe haichakwani,
kana kutonzi dhiziri rakapwa michovha hakuna!
Kudhorobha vanaKiyakiya havaipera,
pangoita chikona, vaibva vatsveta musasa.
Twese twakakosha, twaishaikwa, asi twaiwanikwa.
Wainzwa chizevezeve chaiti, "mari yako chete".
Yaimbobvepi mari yacho iriyo yaishaikwa?
Kana vaya vaive nemabasa emari inotyisa,
vakapetwa vakadzorwa kuitwa vanaWanga.
Vaya vaipotsera vadzidzisi nematombo kuzvikoro,
ndipo wainzwa vachiti, "tohumedza tohumedza isu marovha".
Ivo vachihumedzawo vane chikoro vakati vavava.
Vamwe ndivo vakandoita chikorokoza,
chavaimboseka vachiti chinoitwa namadofo.
Yainge isisiri nyaya yechidofo muchikoro.
Mazuva aya kumirira mwedzi kuti bha,
ndihwo hwainge hwava hudofo hweupenyu.
Mari yave muhomwe hayaikurevera,
kuti veduwe ini ndakorokozwa kumagweja!
Vamwewo vazhinji vakatuta twavo kusiya nyika,
vachindotarisira mafuromanyoro kumwe,
kasi kwaive kutanganawo netwumwe.
Hapana kusinawo zveko!
Ndarangarira patakapinda,
painge pakaoma machinda.

Ndiani ari pachokwadi?

Kana uri mhiri kwamakungwa,
hauchisiri mhiri kwamakungwa.
Variyo vanenge vachiti kwawabva ndiko mhiri.

Umwe takatarisana anonongedza kwake kuruboshwe,
iniwo ndichinongedza rwanguwo ruboshwe.
Rwuboshwe kana rudyi zvinoshanduka nepaumire.

Pakudya zveumwe, ruboshwe rwake ndorwudyi,
asi mumwe rwudyi ndirwo rwudyi.

Umwe unoti chakatanga kuvepo izai.
Umwe woti aikazve zai raizokandirwa nei?
Yose ingori kakavadzano asi inotipei?

Chakakosha kunzwana mukupesana.
Tese tiri pachokwadi mukunyepa kwedu!

Ramba kurambwa

Waive wati wawanawo wako wepamwoyo,
wazvipira, watiwo ndipo paperera wako mwoyo!
Makahutamba umhandara neujaya pamwe,
Rudo rwukapisa, hapana aiti zvichainda nepamwe.
Aikuvimbisa kukupa denga nepasi,
zvakazoendepi, zvatiri kutaura kudai nhasi?
Ndikoka kwaiva kuhwarara,
kunyangira wakarivara wakazvambarara!
Musoro rakazosimudza mwoyo wako rabvuta.
Ndinoti simba misodzi wopukuta,
ramba kurambwa!

Ramba kurambwa neupenyu hunaku,
usazvirasa uchiti hapachina changu.
Ramba kurambwa neupenyu hwemudyandigere,
usazvidya uchikona kugara urere.
Zvinotaura chaunga usateerere.
Ramba kurambwa neupenyu hwawakazvirongera.
Putsa kuzvitemesa musoro woputsa kuomerwa.
Ramba kurambwa!

Uya paanoti, rega ndidzoke ndakatadza,
aiwazve, unomuregerera asi wake mukana akapedza.
Ukamutambira waita sungano nechirombe.
Chero zvikanzi kwenyu dzinouya dzinotsika mombe,
usacharamba wotsikazve pawaona panopisa,
paunoziva wega kuti panotyisa.
Ukatorana naye wabvuma sungano nekusachenjera,
unenge warambwa neupenyu hweuchenjeri.
Ramba kurambwa neupenyu uhwu!

Ndyaringo: Tsamba Kumudiwa

Mudiwa wangu warova chose.
Kurova semisodzi yenyoka kudaro zvokwadi!
Kubva ndibve kumusha kana kumbotumira shoko,
usadarozve umwe wangu, mudiwa!
Nezvandakakuitira pabhavhadheyi pako ungandidayi?
Kasi muriwo nematomatisi zvandakati Sekai aunze hauna kuzviona?
Unoziva Baba namai vangu vava kutokuziva?
Vakawona mufananidzo wako uya wawakabuda maoko chete,
ndikati uyu muroora asi mufananidzo une chiso chake uchauya.
Kuno kuJoni ndiri kuunganidza mashereni, zvinobuda chete!
Ndakawana mukoto wangu usina anoziva,
vanhu vekuno ndakavakunda kungwara unoziva!
Ndiri kudhingura zvitoro zvikuru pamitengo.
Ndinotenga kwavari nemitengo yavo yekupenga,
asi ndobva ndamanya kunotengesa nemari yakaderera.
Ha hahaha, havandigone!
Mkoma Chenjedza ndivo nyakundipa kamari kebhizimusi.
Zvinhu hazvisi kumira pandangoti pindikiti zvobvubviranwa.
Ndinoona gore richipera mudiwa ndouya kuzokutora.
Baba vako vangaramba kutema ugariri kupurazi ravo?
Handifungi vangaramba vakaziva ndini ani!
Tisu takagobora gwenga reKalahari kusara rati mbu!
Paunouya kuno hatiite dambudziko zvachose.
Machechi ekuno akanaka unoziva!
Tinopuwa pekurara nechekudya mahara.
Paunouya tongogarawo navamwe zvisingadhuri.
Ndiko kunzi kerekezve uku,
kwete ikoko kumusha makereke anokiyiwa!
Mvura chaiyo inokiyiwa,
zvimbuzi zveruzhinji zvinokiyiwa chero mudhorobha!
Kuno handinetseki mvura kana chimbuzi unoziva!
Handiti ikoko ndakazombobatwa nemapurisa ndichirasha mvura!
Hanzi takubata nepabhuriki yurinetingi!
Ndochinyi ichocho mbavha dzapera here?
Ndakanomubvunza mukuru wekamba ini,
kuti ndeipi pabhuriki yurinetingi yaive nani?
Yandainge ndasungirwa kana kuti yekuzviitira mubhurukwa?
Yekuzviitira mubhurukwa yaida kuchinayaka!
Zvino kwaive kwakati bhenengene rakacheka nyika!
Kana ndiwewo mudiwa ndiite chiseko chenyika ini?
Saka wakazoti uchandida rinhiko chihwitsimwoyo?
Makore matatu ndichingokumirira kuti uti hongu here?

Hope

Nguva yandinokutsvaka,
iwe ndipowo paunoti chitsoka ndibereke.
Vamwe vopfodora dzamatsengerwa,
iwe ndipo paunondinzvenga,
mumabvokocho emupangara ndimo mowopinda.
Ndinokukweva neiko mukati mumabvokochomo?
Nhasi wapamhazve kunditiza wakanangako,
ukandisiya naDzungu naMudumbu.
Ndakambotuma Chikokiyana kumabvokochoko,
Akangoti edzei akakundikana.
Zuro zvakare wakandizvenga,
ukandisiya naZvikwereti naKujomba.
Vhiki yapfuura wakandisiya naRendi,
mwedzi yapfuura ndaive naUrwere akauya naRufu.
Zvino ndingapapona pakadarowo?

Masikati ano chaiwo ndatombokuona,
asi wangoti pfarapfachu ndiye simu kuenda!
Wandisiya naNhasi Hatinaupfu!
Haundiitirewo tsitsi here nhai Hope?
Hauitiwo musi waunoshanya naMudyandigere?

Kapuka aka

Kana usati wasangana nako haukanzwisisi.
Vanokarera sembwanana vanokushamisa,
vanokapotsera matombo segora vanokushamisa zvakare.
Ipapo iwe unenge usingatambiri pedyo nako,
chako hushamwari hwechikwinyanguwo zvichipfuura.
Asi musi umwe chete wachichakuti dzvi chipuka ichi,
chonyatsonyudza mazino acho panyama nhete,
ndipo pauchaona hauna kungwara.
Ipapo unenge wotambwawo tsoro yako.
Uri umwe kana chakubata ibva wangopfava.
Nyatsoteerera kuti chinoda kuiteyi.
Ukada kuita zvembabvu pako panokuperera.
Usatomboda kuzviti tisu vacho hatinzwarwo,
Nokuti kanogona kukudhadhura dhadhura.
Kanogona kukuvedzenga ukabviswa chiri kumeso.
Pamwe ukakateerera zvinobuda napamwe,
pamwe mhaka dzako dzinoripirwa zvikatofamba.
Kapuka aka kakashata asi kakanaka.
Kapuka aka kanonzi RUDO.

Pepuka

Svinura ako maziso uone kunze.
Cherechedza hauoni hapachina chako apa.
Ucharamba wakamira ipapo kusvikepi?
Hauoni wabatiswa dombo here?
Chinguri wasiiwa wakangoti tuzu!
Unoti pane chako here ipapa apa?
Newe uchinyanyawo kudisa tunhu tunhu!
Wakonewa kugutsikana netwaunatwo kare?
Zvino maawa mashanu wakateya zhira!
Pepuka uone kuti hapachina chako.
Paangopinda ipapa abva atobuda nekuseri.
Kana uchiti ndonyepa, pinda utarise.
Uri kutotya kupindaka nekusada chokwadi!
Watambwa itsva mudhorobha mwachewe!
Tikanyatsotarisa haisi itsva hayo.
Makoronyera anoruta sewe mapedzwa muno.
Munokabira sehove nekuti makavata.
Makavata nekuti hamuzivi simba mukaka.
Hakuna chinongomuka pasina ziya.
Ako maoko aya, ndiwo anotoshanda.
Kwete kuita zvenyu zvekuti tinoziva dhorobha.
Hezvo unoziva uripi?
Wakangomira wakati tuzu sechivezwa,
wave dzvinyu zvaro risina gushe!
Zvawakashandira gore rose tsakata!
Kumba mhuri inonotangira payi?
Iwe wacho watombosvitswako nani?

Toti kudini?

Zvimwe zvinhu zvokwadi zvinoshaya shumo,
asi chero zvidini hapana chisina magumo.
Hupenyu hunomboda kukudhadhura,
rufaro rwese rwodzurwa dzurwa.
asi toti kudini?
Toti hedu chimvuramabwe chichapfuura!

Unosangana netwausinganzwisisi,
mwoyo wako chaiwo unokurasisa.
Ukati pano woda kubatira,
apozve woda kunamira!
Toti kudini?
Toti hedu pfava hako zvinopera!

Waunoti ndiye wauri pedyo naye,
rimwe zuva anofuma asisiri kwaye.
Woti umukwazise, oisa muromo mumhino,
woti ubvunze chinyi, watodenha mago zvino.
Toti kudini?
Toti hedu chinobhururuka chichamhara!

Unogona kuita tariro huru chaizvo,
wave kutoona zvese zvatobuda hazvo,
asi zvongozoti nepamwe nzve.
Zvoita sokuti pese apa yaive jee.
Toti kudini?
Toti hedu usaora mwoyo!

Mumwe musi haunzwisisi pauri kana zvauri,
woti chinyi chiri kuitika pandiri kana kwandiri?
Woshupikana uchida kuzviwaranura pachena,
asi wongoguma misodzi yodonha uchichema.
Toti kudini?
Toti hedu chema netariro!

Ndezvemeso

Zvimwe zvinhu ndezvemeso,
muromo sona worasha chisvo.
Makumbo gura wokanda kumakarwe.
Maoko monyanidza asashanda zvachose.
Pfungwa gofa gofa kusvika dzafa.
Wadaro wodya hako nemeso,
wakadekara hako wakarasha muswe.
Unodya kusvika mwoyo wamira.
Ukazoda kuti maoko, hokoyo!
Ukada kuti makumbo, bhasopu!
Ukada kungoti fungei, yafa kwako!
Zvimwe ndezvemeso badzi.
Ukadzidza ichi chidzidzo,
wapinda chikoro chikuru cheupenyu!

Bvuma

Pose unoda kunzi ndiwe mukuru!
Woda kunzi ndiwe mazvikokota!
Wonzi ndiwezve mupazi weboterekwa!
Bvumawo kuti kune vanokudarikawo!
Hapana muzivi wazvose pano pasi,
ukazvibvuma ndipo panotangira uchenjeri.

Kana wasunda chinhu chichiramba,
wasunda nekoko wosunda neuko,
tinombotangawo tichiti ramba uchiedza.
Kana kusunda uku kwava kukusunda iwe,
tinobva tati chibvuma.
Pamwe hausi kufanira kunge uchisunda,
nguva inopera uchingopedza nguva.

Bvuma kani wangu kana zvapera!
Iwe uri kuona kuti hamuchina chiro,
unogwedebudzana nebhodhoro irori munobudeyi?
Haikona kurambotsvaka maranjisi mumutohwe,
pamwe ukatora matohwe iwayo angakushandira,
tingatobika tikaita musvobho unodarika weranjisi!
Ukaramba wakati tuzu pamutohwe ipapo, inguva iyoyo!
Nguva haikumiriri ipapo, padzidze.

Ronda

Uchiriona rakadzika rakanyudza,
unoti uku ndiko kupera kwegumbo.
Unoyuwira ukachema ukazvirega.
Unenge usingagone nekurwadziwa.
Ipapo rinenge richiri nyoro ropa richidzudza,
asi ukaribata kwazvo uchiridzivirira,
uchiriisa twese twunoita kuti ripore,
nhunzi netwumwe uchivharira,
nekufamba kwenguva panodzoka.
Nyama dzokwevana dzodzokera pamwe.
Gare garewo unenge woti zvave nane.
Ipapo kana nekutsika unenge womboedza.
Chirega kuchiita bapu kuda kumanya,
chirega kuchizviti tisu vacho vamanyi,
unomutsa zvirere zvakazorora.

Ronda ringapora asi vanga haripery,
ndicho chirangaridzo chechakakubaya.
Kana kuzvitsigako hauchatsiki,
wava kuudzawo vamwe kuti rega zvipore.
Ndiko kuita kwerondaka!
Unosara wachenjedzwa pekutsika namatsikiro.
Ipo pawakariita handiti wainge watomboyambirwa?
Asi wakangoti ndoda kuzvionera,
ndiko kubva wasiya jira mumasese!
Zvitsiga hazvina anogobora izvi,
mangwana zvichabaya umwe zvekare!

Zinyakupa Zinyakutorera

Kuita kwenyu Nyadenga hakuna anokunzwisisa,
ndimwi Zinyakupa ndimwi Zinyakutorera!
Makatipa baba namai tikati makaita.
Gare gare baba mukatora tichipwere,
amai ndokusara ndivo vava baba!
Kuti tidye, tipfeke, tidzidze, tikunde ndivo.
Vanobhindauka vachierera ziya reropa.
Vabata chino vobata icho vachitsvaka pundutso.
Zvichitoitawo nekuti ndimi Zindakupa.
Asi ndimizve Zindakutitorera vedu baba?
Toti ndimi here munoita maitiro aya?

Baba pavakatorwa hama dzakatipa shoma,
dzikati nesuwo toda pedu tingasarira.
Hupfumi hwemwana wavo kwachu kwachu,
motokari chino nechocho vakatora,
amai vakati handirwisi ndoringa kuna Zinyakupa.
Asi Zinyakupa ndiyezve Zinyakutorera here?
Kutora kuti ape, opa paatora?
Tikada kuteedza rongetedzo yacho hazvibudi.
Tinongotenda naamai vatakapuwa,
vanorwisa urombe isu vana zvotifambira.

Tinopotera kwamuri Zame, Zinyakupa.
Toti ipai amai vedu hupenyu huzhinji.
Vapei kubwinya kusingaperi kunotosvora vavengi.
Vapei kutirira nekukunda twose twunovhiringa.
Zinyakutora, torai urombe hwose kwakadaro moti tsve!
Kunyange zviome sei, Zinyakupa vachatipa.

Usasara

Yanhasi nyika yoda akachenjera akapepuka.
Pataifamba nembama tava mushangu,
iwe ukaramba uri mumbama toti wasvikirwa.
Pataifamba neshangu tava kufamba takagara,
hazvichadiwo kuti tasa nenzendo ndefu neshoka.
Usasara mwachewe.

Ruzivo rwati tekeshe padandemutande.
Paya pataiita zviro zvekuudzwa navabveyo mhiri,
iye zvino tava kungozvitsvakira toga pamafasha fasha.
Iwe ndiwe wosarudza twaunoda netwausingadi.
Pataifamba nemikwende yemabhuku,
iyezvi unongoposhera parunhare mbozha,
wotakura nyika yose yemabhuku mumbudu!
Usasara mudikanwi.

Kumachechi taindundurudzana nawo mabhaibheri,
ano mazitakurawatsindira aitoda wadya.
Taida kubva taonekwa kuti ane guru ndoupi.
Iyezvi kuzviremedza uchiita mhasuru ndezvazuro,
Bhaibheri rako murunharembozha mwachewe.
Mhando nemhando dzemabhaibheri muhomwe!
Ndikoka kuti kufamba nenguva.
Usasara kani sahwira.

Haikona kupfuurwa nenguva,
Zvikuru kana nguva yakupa tunokurerutsira.
Vamwe tinoda kuzhamba mari,
tichiti zvitsva zvinozunza homwe.
Ndiko kusazivazve uku,
Vazivi vanoti "Chakachipa chinodhura".
Ukaziva kuti nguva imari,
Ukazoonawo nguva yaucharasikirwa nayo,
Ndipo uchawona idi revazivi.
Usasara kani wangu.

Wese anoti yangu ndiyo huru

Umwe pangoita vanhu unoiburitsa,
waranu pachena tsve,
wodembademba hanzi ndionereiwo!
Yangu kubva yaramba yongova ziendanekuenda!

Umwewo unokatanura woyanika,
oti, vehama onaiwo zvandakatakura!
Hamundinzwewo here vekwangu?
Uku kuri kuchema,
kuti, yake ndiyo huru!

Umwe anoti ndine vana vaviri kuchikoro
vanoda twakasiyana siyana tusina kukwana,
bvunzo dzavo dzechikoro dzigere kubhadharwa.

Umwe ndiye anochema kushaya musikana,
vana vana makono oga oga,
asi chikoro havo vose vanopinda!

Umwe anoti wangu iye mumwechete,
akati go iko kumba.
Chikoro wakaramba, anongotenderera namadziro.

Umwe achiti wangu akapedza kuchikoro,
akadya mabhuku kusvika paanoperera,
asi agerewo, mabasa acho anoda waziva wawaziva.

Koitawo anoti ini wacho basa ndakasiya,
kana zvekufamba handichatonyanyisi,
kubvira rugotwe parwakaremara nenjodzi.

Umwe ari kushaya ovapeyi ivo vavirivo,
siku nesikati haarari achiedza kubika matombo,
kuti zvimwe pangabuda muto vana vakaseva!

Umwe zuro chaiye wakarasikirwa neabvazera,
umwe nechino chivhitivhiti chindumure,
asi kune umwe ari kutochema mbereko!

Hapana anoti yake iduku kana achiitarisa,
wese anofunga kuti yake nhamo ndiyo huru.

Cheuka usati wachema uone kunze.
Unoona kuti pako pakareruka zvachose,
kufema ikoku kune asingachatokukwanisi!

Viri, Vhunze ndiye dzito

Tichatanga kuvesa raive rino viri remoto,
Tupepa tutsotso twese twainge twabatira.
Waingonzwa kuputika putika kuri kubhebha.
Hapana waisada kuvanda chandowo,
wose waida kugoka viri iri.
Maoko ayo twasa kumoto zviso nyevenu.
Huni dzotsva uku nyayawo dzikati hatisari.
Nguva yati fambe viri rakava motowo zvawo.
Takaramba tongoswederawo pedyo pedyo,
Nenguva isipi moto wakava kamoto.
Chido ndiye wakambomanya kuzvitsotso pazhe,
towona wodzoka nemabhuku ekare echikoro!
Moto ndokumboti o - o asi kwekanguvana.
"Regai tipise mapango emba iyo yakawa!"
NdiVaNgatidzokerane avo vaidaro.
"Zvino kana toda kuvaka imwe imba tozodini,
Ko ngatipindei musango titsvake huni?"
VaTisaparadzana vakapirawo ravo zano.
Tose tovatarisa, totarisazve rima riri pazhe.
Izvozvo chete imhinduro yakakwana.
Puti puti kuputika kamwoto kaye kuri kuwoneka.
VaMatongo vanopotsera kaziso kanoti hamuteereri!
Pese apa hapana rimwe ravanoreva.
Tose asi tinoziva kuti kunyarara uku kwakatoreva.
Moto uye ndokuve vhunze.
Aaa! Zvapachisina kana moto wani nhai?
Pane achagarira mazimbe iwaya?
Ndiye aziva kwake aziva kwake,
tomutsana mangwana.
Kunosara kwoedza potse angova matsito oga oga!

Kangoma kanoti twangu twangu

Kana usiri mazviri,
ndiwe nyakukwira pagomo uchisheedzera.
Ndiwe nyakushambadza uchisvora,
nekuti iwe wacho hauzvinzwisisi.
Chausinganzwisisi kwauri chakan'ora.

Zvakangodaro usingazvinzwisisi,
unongozviita samakonya muzivi wazvo.
Wozvipa nyembe uchizviti uri mazvikokota.
Woti chese chawakona kunzwisisa muchetura.
Zvino handizvoba machewe,
iwe hausi muzivi wazvose
Kana neniwo handitoziviwo twakawanda,
ndiko saka yangu ngoma ichiti twangu twangu!
Ingoma inoramba kutonongora twavamwe.
Ingoma inonditi ndizive twangu ndiite twangu.

Haikona kushanda vamwe, twako tsve!
Geza ako maoko kana paita chausingazivi.
Wako muromo sona uti mwi.
Kana wada kutaura rudza ako mashoko.
Zvisizvo, tora kako kangoma,
woridza uchiti twangu twangu.

Zviro zvine maitirwo azvo

Twese twune maitirwo atwo.
Hakuna chinongova mvengemvenge!
Mvengemvenge ndiwe wasvikapo.
Usipo twese twainge twakarongeka,
Twuchipindana nemazvo.
Kupindana kunobuditsa pundutso,
Kunosiya pasina chamedzwa chichipera,
kana chamedza chichipedza.
Kana wada putugadzike,
masamba, tsvigiri, mvura nemukaka,
tinosanganisa zvisati zvapinda mudumbu.
Zvino iwe woti ndipei tsvigiri yakadaro,
mvura, masamba nemukaka zvakadaro,
zvondosanganisika mudumbu!
Ichiri putugadzike yawamwa here?

Pakati rudo

Pese pandaipatsvaka meso ainge ane namo.
Ndakapoterera ndichipatsvaka sendine nhamo.
Ndakambosvika pakuti hakuna zvakadaro,
Ndichikaka mutsindo uno wenharo.
Kuzoti dhumadhuma ndiwe mwana waVaChingoma,
ndakatanga ndichiti tsime tiri kungobvongodza,
ndichiti ndezvejee, ndaporonga toenda pane rimwe.
Vazhinji vaiti kutungana kwembudzi bedzi hakuna chimwe.
Ndisati ndaziva wakanditi watsu nayo mbama,
mbama yorudo pamwoyo pangu wakaiti nama.
Kana kuikwatanura hakuna ungakwanisa.
Vamwe ndivo vakaita mavanga vakarwadziswa,
ndakwachura tsvarakadenga yekwaChingoma.
Ipapo ndainge ndisingazive kunonzi kuchona.
Haisi mari yawakandidira kana rekwedu dura!
Kungoti gare gare wandida wakatanga kubhedhenura,
Kuwaranura zvainge zviri mandiri mukati kati.
Wakandiratidza pakati rudo husiku nemasikati,
Pandaive ndadzima kare neni ndisingachapaoni,
wakapavheneka ukapajekesa nhasi ndava muponi.

Nhasi tave nemakore mazhinji uri wangu,
takapinda patete nepakobvu uchingori padivi pangu,
pakati rudo ukaramba wakangopajekesa samare.
Zvaomesesa ndipo wainyanyoda kundiwatsura zvakare,
waindiwatsura nemazirudo aiva donhonzo mandiri,
nemwoyo wako murefu waiita nditambire zvazviri.
Ndinoresva ndinokundikana ndinoposha,
ndinokanganisa, pasipo dzimwe nguva ndinogofa,
pose apo unopadzima, pakati rudo wodhinda.
Unoita mwoyo murefu uchivimba ndichachinja.

Ndichicheuka kwandakabva

Ndichicheuka shure kwandakabva,
zviviri zvikukutu zvakaitika muupenyu hwangu.
Zviviri zvandinoti zvinondipa nyemwerero.
Chekutanga zuva riya rawakanditi hongu ndokuda,
chepiri izuva rawakabvuma kundibikira sadza.
Ndikazvifunga ndinohwa kuzvininipisa,
kuti zvokwadi ndakaiteyi ini shuro zvayo,
kuwana svusvurandadya yakaita sewe?
Unondipa manyemwe, unondipa manyawi.
Wedenga ngaarambe akatitungamirira,
ngaatipe kundiso sokundipa iwe kwaakaita.
Pauri ndiri chikwekwe!
Mhepo ingavhuvhuta sei,
kunze kungabanda chando chakadini,
pauri ndinoramba ndakati kwati kwati.
Naiwaya mashoko mashomashoma,
ndinoti ngative neupenyu hwakaropafadzwa.
Yangu tarisiro kumatenga makisimusi asingaperi,
iwe uchingori wangu!

Mapwazhambwa

Ndiani akambodya dohwe,
dzemudzemu rinoonekwa twose twuri mukati,
rakasvibira rinoti wariona unorwera rute,
rino rine dzihwa rakati tote tote?
Padohwe ndipo pane dzihwa risingasemwi,
riisei pamhandara zvava zvimwe!

Ukaitsemura mbadzi yedzemudzemu,
woiti mumuromo kabu,
parere mwoyo haupashayi.
Ukasazviruma chigunwe unozviruma muromo,
ipapo zvinenge zvoda kuita uchinwira mvura.

Asi ukarisvikira risati rasvika,
richine ruvara rwamashizha,
ndiroka rataiti mapwazhambwa!
Kuriti muromo bovere,
pawaingoti tsengi tsengi,
wainzwa wega kuti zvichigere kuita.
Kana twudzihwa twacho twaiperera mumazino.
Raingoti tapitapi wotonzwa kushwinywa mukanwa,
wava kutsvaga mvura kuti zvikasike zvatiza.
Kudya pwazhambwa, kudyira nhafu.

Zvino hamawe nyika yaenda kumawere,
chikonzero chiri kumhanyira iwo mapwazhambwa!
Michato yadimurwa nawo mapwazhambwa!
Ukama hwaputswa ndiwo atada mapwazhambwa!
Kana mabasa chaiwo ari kupedzwa namapwazhambwa!
Toshwinywa nekumanyira zvichigere kusvika.
Mandikurumidzira ndiye mai vaMandinonokera!

Kukavurura

Ndaitamba zvangu ndiri pachikoro,
ndaida kuonekwa kuti ndini shangwiti,
ndichizvida, ndichiti kwedu hatishaye,
kusaziva vasingashaye vabereki,
ini hwangu upenyu ndehwangu!
Vamwe vachirimedza bhuku,
ini ndaimedza purezha.
Aiwa nyika taidya rutivi,
tobva tanwira nwira hedu taiguta.
Hapano pakunyora bvunzo,
aiwa bvunzo dzakandibvunza,
"Waivepi vamwe vachitsenga mabhuku?"
Zvaitove nani kuita usahwira nehope muzamamo,
kana nekundotora gohwo rangu handina!
Ndaiziva kwakatsva hakuna chakatumbuka.
Ndakangoti kuvabereki,
"Regai ndikavurure!"

Humwe hupenyu

Kune humwe hupenyu,
hunodarika hupenyu hwekuti ndaroorwa,
kune hupenyu hunodarika kuti ndiri muroora,
hunodarika kuti unzi mukadzi waNhingi.
Hupenyu, hupenyu!

Kunzi Mai Nhingi ndehumwewo hupenyu,
kunzi Baba Zvichauya kumwewo kurarama.
Ukasapasvika hazvirevi wapferenyurwa!
Ukapapotsa, handi kuti warasikirwa nahwo!
Ndati kune humwe hupenyu!
Musawira kana kuwirwa netwumwe,
nekuti zvanzi unonzi une chimvi,
kana kutya kuvigwa negozho.
Vamwe vava mumakuva nazvo,
takavafushira vari vapenyu,
kana mazita avo hatichamazivi!

Warasirei tariro?

Wava kuteta mvura kudaro sechikara,
kunyapisa sei rakacheka nyika unoitiza.
Goko retsvina ndiro rave ganda,
nhunzi makwikwi dzichichiva.
Ungaita pasi pegumbo pakatsemuka kudaro?
Tsoka dzofamba dzichinunga zvitombo munzira!
Idzo nzara zvadzapedza shangu namasokisi!
Ko nguwo kunge dzabva kugezewa,
kwete nemvura asi nematoto ehuku!
Mazino tichataureiko vanhuwee?
Kungoshama muromo chidembo hachimiri.
Ko idzo hapwa, chasara kuita honye!
Unofunga kuzviramba ndiyo mhinduro?
Zvakaitika zvakaitika,
chisimudza wako musoro uite tariro.

Makobiri

Vanoti kurara hope rugare,
vazhinji kungoti matama pasi atova matare.
Ko makobiri wakaisepi?
Ko uri kumashaya wega nei?
Vana vevamwe zvavanenge vari munhapitapi,
iwe chinyi chaita usabate kana papi?
Pane kuti hope dzishanye,
mibvunzo iyoyi ndiyo mushanyi!
Maziso woita souchatushura.
Kudziwana dzamatsengerwa kunotoshura.
Wozvibvunza, "ndiri kuresvepi?"
"Ko ndange ndichifanira kupinda nepi?"

Uku kuzvitongesa nekushomeka kwemakobiri,
womboti zvimwe vanozvigona ndovari mhiri,
uchifunga ndokuno chete kwazviri zvendimbandimba!
Kwete, usati kunyiminya zviso vari mhiri, kudzimba,
uchiti hwavo upenyu vanodzirara dzedanda.
kana makobiri awandawo, kuisa muziso zvitanda!
Kunobva kwauyawo zvimwe zvinomomotera,
zvinokanga pfungwa, zvocheka cheka zvomedza!

Tinotsvanzvadzira tichitsvaka iro kobiri,
toedza kubata icho neicho zvingapa mbiri,
mbiri yoita, iwe wofunga zvaita,
isu tisingazive kuti hapana chaita,
ngoma ndiyo ndiyo hadzishanyi,
chero ukazviti ini ndiri mutsanyi!

Saka ndiani angarara dzorusvava?
Musandinyepera muchiti ndaVaShava,
vakashava makobiri anosvika pakutapukira!
Vamunoti ivo pamari havana matyira!
Ndinovaona ini kwavari usiku hurefu,
mufi chete ndiye wazorora waenda kurefu.
Isu tisu waasiira iro rekushaya gope,
tichiti zvavaenda saimba tave marombe.

Unochemei?

Nhasi angave nhasi,
asi pamangwana nhasi anenge ava zuro.
Mangwana achasvikawo pakunzi nhasi,
mangwana nanhasi zvichatomboitawo zuro,
asi zuro haambofi akaita nhasi kana mangwana!
Kana nhasi haagoniwo kuita mangwana,
asi zuro, nhasi namangwana zvichave kare.
Tinenge tongonongedza kuti zvakambodai,
asi matakadya kare anenge achanyararidza ani?

Ndinoti shanda zvenguva iyoyo panguva iyoyo,
usasundira uko uchiti ndichati ndoti.
Zvaitika zvaitika nguva haina kumira,
ukamira uchiti rega ndimbozvichema,
uchichema zvanhasi,
nhasi uye achave zuro.
Ukachema zvazuro,
zuro uye achave kare!
Zuro nakare hazvingaite nhasi kana mangwana
saka unochemei?

Papi?

Pano kana apo pese panopisa.
Nditsike kuno kana uko kupisa kwega.
Ndotsika papi?
Ndotsika here?

Pandati tora, ini ndabva ndasara nemwena,
ndikakutizve dzosa mwena wave kwauri.
Saka totora papi?
Tosiya papi?

Mwoyo muti unomera paunoda,
zvino zvowoda kumera paviri,
toudini mwoyo iwoyu?
Toti pano here?
Toti apo here?
Kuno kana ukoko!

Muti uyu haufaniri kutinetsa.
Zvaunobvuma kubatira,
tichatyora bazi hedu,
ndiro rotosima pamwe!

Zuva rangu Guru

Vazhinji tainge tavharisa ichi chikamu,
kana neniwo ndakamboti hapachina changu.
Asi ndadzidza haikona kuti kwete,
kana muridzi wazvose achiti hongu.
Paunoti zvino ndagumirwa ndapererwa,
ndipo paunonzi haka sumuka upemberwe.
Paunoti zhira yarema ndagumirwa,
kune anenge akatarisa achinyemwerera,
achiti ingoti pote, uchine mukaka zviri pedyo.
Vehama nhasi ndirimo muuchi nemukaka,
vehama nhasi ndinopemberera,
vehama nhasi ndabatanidzwa newangu mudiwa.
Ndiwonerewo kugona kwaNyadenga,
wangu murume ndinomugwadamira,
wangu murume ndinomupa remekedzo.
Andipa manyemwe andidadisa.
Pakadai ungazodei?

Imi Amai Vangu

Vana amai pamunopinda pakuru.
Munopinda muchibuda mune zvinotyisa zvuru,
muchibuda makasimudza mureza wemhuri dzenyu.
Munotibvumbatira mumapapiro enyu.
Ndikasakutendai amai nepamakapinda,
ndinorohwa neshamhu inosara yakadhinda.
Ndichiri rusvava ndisina chandinoziva,
baba vakatuta twavo, ndiko kwakava kutisiya.
Makasara musina wekuzendamira,
asi zvakangodaro makazvimiririra.
Makasarudza kusimuka pavamwe muverengwe,
makanzwa nekushoropodzwa nekuvengwa,
vachiti mukadzi wepi anorera vana vasina baba!
Hanzi, rume rimwe harikombe churu.
Mukati aiwa, ini ndiri mukadzi ndotokomba zvuru.
Nyika hayiiti tsitsi nevakaita semwi amai.
Inotarisa neziso rekuti toda kuona anoitei?
Toda kuona vana vacho anovapei?
Asi makazviramba, makazvituka.
Makandipa hupenyu husina kana kuvhumuka.
Hupenyu hwakambokutambisai chamutavanhava,
basa rikasareva chiro zvinhu zvaminama,
mukaramba kubvongodzwa nekuvhiringwa.
Makabhindauka kuti kuchikoro ndisadzingwa.
Chandakashaya hapana imi muchizvinyima.
Kuwana kwangu kwaiva kushaya kwenyu.
Amai makandipa, munondipa hupenyu.
Ndikazvifunga amai misodzi inoita tsime.
Nazvino hamuneti rudo rwenyu harwupimwe.
Ndinokudai amai vangu,
Ndinokupai hupenyu hwangu.
Ini wenyu mwana Thokoza,
Ndichakuitiraiwo pese ndichabvongodza.

Chirandu chadya

Chirandu nhasi uno chadyawo!
Zuro maichiseka chichirumira!
Nhasi chiri kurumirira zvava kwachowo!
Ko vakarevazve vakati chaitemura,
vaitoreva chirandu ichi! Nhasi honai vose vochiyemura.
Ichowo choita manyawi ari tii!
Chobhugujabhugujamo zvimwe chotorasha.
Eheka, chisingaperi chikagoshura wani!
Nhamo dzose kwedu dzadzima angova marasha,
nokuti zvirandu zvodyawo kani!

Ndapfidza

Hameno imwi asi ini ndapfidza!
Kwete kwete itai moga ini handichaite!
Moto wakanaka uri pamapfihwa,
nokuti kana nyemba tinoibvisa.
Uisei mugumbeze, zvava zvimwe!
Ko kuzoti kuugokera muzisoke?
Ini puu handichada!
Hwangu hupenyu ndichikuhuda.
Hameno imwi, ini handisi nhinhi!
Ndaibva!
Ndakwana!
Kwazvakananga ndaona.
Kuchenjera kusimudza angu maoko,
ndoti ndasakura ndazunza,
ndotiza nehwangu hupenyu!

Tipei tidye

Kana chiri chokwadi tipei tidye,
tichimheshure tichitetene matumbu ati shutu!
Dziri nhema fushai kusvika narinhi.
Hameno dzikawana anopfuurawo nepo,
achiti tipei tidye!
Huri husvusvu hwerudo ndati tipei kani!
Gashidzanai huchiuyawo nekoko kusvika nepano,
tihusvisvine, tuhusvade matumbu atatamuke.
Uri muti unorapa urombo, tipei kani titsenge!
Titsenge tsenge muto tichisevesa nesadza!
Hapana anzwawo kune midzi inorapa godo?
Maiwana tipei kuno!
Mutipe tidye tifume mangwana,
zvese zvati twasa twasa nekusingaperi.

Zvidavado

Upenyu uhwu mwanangu hunoda zvidavado!
Hazvisi zvekuswerera kupenengura mumabhuku.
Ukaita ziendanakuenda usina gwara hauna kufara!
Ukashaya kufara, bva washaya ndaramo!
Munhu ndounomboti fare fare,
uku kuri kukanda nyaudzosingwi!
Wozivawo kwawakabva,
kuri kukanda tsumo!
Uchiri patsumo worangarirawo kutsva kwendebvu!
Wobvapo nhamukira kumadimikira.
Apa ndipo poworamba kugara wakaisa muromo mumhino.
Rwuri ruoko woramba kuita rwegudo!
Pakaita panotadzwa, iwe chitsoka ndibereke!
Ukakwakukira kuzvirahwe uko unenge wasimuka chose!
Nekuti upenyu zvidavado.

Kana kashavi kouya

Kana kava pedyo kanenge kototonga,
ini wacho ndenge ndisingachatongi.
Simba rinobva rapera, ndorukutika,
iko koita mashiripiti kondigwadamisa.
Ipapo ndenge ndisingachagoni nekudini,
kunze kwekuita muranda wako!
Kanobva kandizungunusa zvine mutsimba,
ini wanike zungu zungu ndichidaira!
Ipapo kanenge kadauka pauta,
ini wacho ndisina kana manzvengero!
Kanobva kasvikoti udyu panyama nhete,
ini ndongoti pasi rabada, ndava muranda.
Kanenge kauya,
iko kashavi kekunyora nduri!

Dzidzo

Kuti titi wadzidza, wamboiteyi?
Wadzidzeyiko chinombonzi dzidzo?
Kuti dzidzo ndiko kutinyiko?
Chikoro chekuchikoro ndicho chikoro here?
Anonzi wadzidza waenda kuchikoro here?
Waenda kuchikoro wadzidza here?

Asi tombodzidzireiko, ndimbobvunzawo?
Mati kudini?
Moda kuita madhokotera?
Mati moda kuita magweta navakuru vemakambani?
Ndanzwa mushe here kana kuti ndine zvitanda muzheve?
Ndicho chikoro chacho here vedu?

Ini ndoti kwete!
Tinodzidza kuti tive vanhu,
tive vanhu vane unhu hwakabva kuvanhu.
Uhwu ndihwo hwaro hwedzidzo.
Ukava chiremba kana gweta asina unhu,
dzidzo yakadayi haisi dzidzo!
Dzidzo unhu hune unhu.

Nyemwerero yake

Anoti akati kandei ziso,
chiriporipocho woperekedza nenyemwerero yake.
Anoita seanotsinzinyira, seanokutswinya nekaziso.
Asi kwete, inyemwerero badzi wave kuona zvisipo.
Kana wange wofema wokupedzisira mweya,
akakuti nyemwe, unopetuka kuita mupenyu.
Kana wange wakapera basa iyo tariro warasha,
unoona rima rose waranu bheu, hecho chiedza!
Kana iri nhamo, inobva yati kwarakwashu kutiza,
ipapo unenge wapotserwa nyemwerero.
Ko iwe wachoke?
Ipapo unobva wanzwa muviri kuti zhwararara,
ropa roti ndogarirei kumanya pose panomhanyika!
Hana iyi mabhanan'ana oga oga.
Iwe kana pekubata hauchagoni!
Woti wanunga chino watsveta,
woti waruma kano wasiya,
iri nyemwerero badzi inokonzeresa kudaro.
Rume guru rinoita rusvava,
rotoda kuyamwiswa kana kutonzi bhabhu.
Vekwangu ka!
Nyemwerero inonzi nyemwerero ini ndoiziva!
Wangu muromo ndasunga,
hana ndavharira muchizarira,
chizarira chiri pasi pasi pegomo,
mabhanan'ana ayo asawana waanobatanidzira.

Basa maoko

Rimwe unoona misodzi mokoto,
hanzi mabasa ari kutiitira chamuhwandemuhwande.
Wochiti ko chanyanyonetsa chinyi,
Kana ari maziso wakatovirikidza,
Maoko aya unotoita chituro.
Basa vadikani maoko,
kwete ningirikini nekambani yakwe!

Tisachema chema vedu kuti chino nechino,
tisabata bata zvisina mwero kuti pano nepano,
siye tsve zvine pundutso.
Pundutso iri mune ako maoko.
Siya kufunga kuti anondipa basa ndiyani,
unoda kupuwa basa isadza here?
Kana iro sadza wani, zvakwidza unomira wega pachoto!

Ko zvamurimi vatetena iwo ano mabhuku?
Unoti dzidzo yose iyi kuti forera basa here?
Pfungwa zvadzakamonwa, kumononora dzoshupa!
Vapambi vakati parira kanhi!
Hakuna achatiwo ndiri hurudza kana mhizha pachezvangu,
tose tomanyira kundoitira nhingirikini umhizha hwatafundira!
Hanzi ndoda remurungu anondipa mari zhinji,
anoendesa vangu vana kuzvikoro zvepamusoro!
Tinotopupira neshungu dzokuti rakadai ndorinongepi?
Asika kusaziva kuti unoitwa muranda,
hwako hupenyu nerusununguko watengesa!
Kusaziva kuti neako maoko,
unogona kutoendesa vako vana nedzinza rose kuchikoro!

Handichina simba

Ini ndingachaitei hangu?
Ndakamboti sundei panosundika,
ndikati medureiwo pangu paimeduka!
Simba chairo iiii handichina!
Ndakasakura ndikasakurira ndikasakurazve.
Ndikaona ndima ndiyo imwe isingaperi!
Aiwa, musati ndaita chiramwa kwete,
isimba rapedzwa nehunhu hwenyu!
Hongu chiramwa ndakamboita,
ndichiti ndikafuratire zvimwe pangatirimukiwawo!
Asi kwete zvakabva zvatonyanya,
zvikatoti zvakwaramwiwa dzawira mutswanda,
kiti yandoshanya makozho totamba pada!
Hongu ndakamboda kusimudza musoro,
ndikakurumai zheve kuti mave kurashika,
asi mashoko angu aiwira paruware.
Ndikarwiswa iniwo ndokusvika pakupera simba,
nhasi uno ndongozviringawo maoko ndakapeta,
tione kunowira tvimbo nedohwe!
Isu vanaTaisireva tangomirira zuva redu,
ratichakupangidzai kuti taisireva.

Dongo dongo kudongorera

Zvimwewo potai muchingoti dongo kudongorera,
zviya zvekuti zvatisingazive haticheukire, munosarira.
Uchidarika pane sero yemabhero,
unongotiwo pote woti dongo,
zvimwe unebvepo wakabata yemari asi usina mari!

Ukanzwawo paitwa zhowezhowe,
svinura ako woti dongo,
pamwe kwaita viri remoto!
Zvekuti twangu twangu siya,
pamwe uri kuwira mudope!

Wanzwa chati sverere kwatara cheukawo,
usatya vanoti une katurike,
sumuka undoti dongo kudongorera,
zvimwe mumba mapinda mhandu!

Wanzwa chakanda hwema hwakupwanya mwoyo,
haikona kuti, "vemuno vachauya voita ravo rekurongedza."
Simuka, pidugura twose uchingoti pano dongo apo dongo,
ungatobatwa nebuka woona mashura pamana.

Rangu ndirori rimwe,
rokuti zvimwe wochingoti dongo dongo kudongorera,
kana neniwo ndoda kuona kuti uchaoneswei!

Zvanhasi handina

Muchimuona kudai,
bvunzai zvazuro kana zuro museri,
snokupai mazakwatira enyaya dzakaitika.
Anokuudzai pane musoro kusvika muswe,
bvunzai kana muchida kuti hondo yakatangwa ndiani,
bvunzai kana muchida kuti nyika yakapambwa nani,
ndati kana muchida mubvunzei pakafira magamba ose,
kana muchida bvunzai vatongi vepasi rose,
unokuimbirai wakatonga gore ripi neripi kunyika ipi neyipi,
chimutii, ko zvanhasi uchabatei, unodyei!
Yake mhinduro ndiyo imwe,
zvanhasi handina!

Kwadoka

Ranhasi ndiko kupera kwaro,
tazunzawo panozunzika tasiya pamangwana,
zuva ropfodora dzamatsengerwa muna mai varo,
isu totevera kundorovera edu matama pamutsago!
Asi pakarepo kune ari kutoti kwarakwashu kumuka,
hanzi redu ratotangawo iye zvino,
vatanga kudai, kune anotorira chete,
asika ndikowo kuti vadzinge rushambwa mumba.
Icho chinobatwa batwa vamwe tabiwa nadzo chinyi?
Hamenowo ikoko tingazivirepi?
Isu musatibvunza, moda kutibvunza?
tibvunzei zvedu zviroto.

Hanzi...

Hanzi wadayi uchifanira kudayi,
saka isu totokudayi.
Zvawadayi hapachina kayi
kaunonemera kuti kwahi!
Zvekuchati dai ndakadai,
hazvichina payi.
Wongochema woga uchiti mhai!

Mvura yembambara

Wanzwa here zvaanokubvunza?
Anokubvunza twese kubva zuva rokutanga kupfimbwa,
iye wacho wangomuti ndokuda,
chiriporipocho akatiwo ndakudawo.
Powoti zvawonekwa chihwitsimwoyo ava mangwana,
iye oti aiwa ndinogara ndega handei kwangu.
Ipapo usamira imvura yembambara!

Waita mahwekwe mudhorobha nemachinda,
anoti huya nepano tinokuwanira basa,
vamwewo voti tine madhiri emari inonzi mari!
ukanzwa voti, iwe wakabata pakadini,
utipe ipapo madhiri aite nyore nyore?
Ndati hokoyo, imvura yembambara!

Wonzi aiwa dzimba pano pamusha padzo,
woti ndipeiwo mapepa anoratidza muridzi wemba,
votanga kutomhuka tomhuka vachinzvenga ako maziso,
apo vachikumanyisa kuti gara wabudisa zhunde!
Pakadayi nyumwawo takura twako woti ndinodzoka,
imvura yembambara iyo tiza!

Munodana zvekudanana zviye!
Zvikona zvose zvemuguta nerukeshni zvinokuzivai,
asi kusina kana umwe wekwake anokuziva!
Wodomuti nhandi ndisanganewo nevekwako,
iye wongotsika tsika mazuva achipesana,
iwe, svinura apo, imvura yembambara iyo!

Nyaya dzake dzose hapana iri twasa.
Zvinyadzi nekunyadza ndiko kudya kwake.
Haana matyira kuti mukadzi kana murume wanhingi!
Iwe unongomusekerera uchiti kwatakabva ndiko kure!
Hoyo wongokutsvaka kumba nepaanoziva kuti hauko!
Hokoyo, rega ndikubaire zanhi,
imvura yembambara iyo tizai ichikure!

Pamwe

Taiti tiri pamwe,
izvo maive pamwe!
Zvedi makudo ndemamwe,
newewo wakashaya mashamwari amwe?
Wawatamba naye ndiye waita tikufungire zvimwe!

Zvimwe tisu tisikuona pamwe,
asi kwete!
Kuita kwemutengesi nekwenyu,
ndiko kumwe!

Kana kuti pamwe,
tisu tarasiswa nevedu vamwe?
Vaita tifunge zvimwe,
ivo vane kwavakananga kumwe?

Itai

Ndati itai zvenyu muchiti,
    "todya nyika rutivi".
Vhunai henyu muchiti,
    "tovhuna mumunda wababa".
Kavai zvenyu muchiti,
    "takazvikakira chikweshe".
Purai muchiti,
    "isu takarima toga".
Kuri kuundura, undurai henyu muchiti,
    "huku takazvichengetera".
Kuri kufamba, fambai henyu muchiti,
    "tisu vazivi venzira".
Itai henyu!

Asi kana yokudyai imwi rutivi,
kana movhunwa murimwi,
kana mokakwa imwi moga,
kana mopurwa imwi,
mogochewa neyekuundurisa,
morashika paruwarepo,
isu tongotivo, "takamboreva".

Kana mobaiwa,
kana mobaiwa nezimupangara,
ndati kana mobaiwa paruware ipapo,
musayuwira,
musati, "titumbureiwo!"

Ko ndeipi iyi?

Zvoshamisa zvoshamisa,
hameno hamenowo!
Takanhama ndizvo!
Ko tichazivei?
Ndezvemeso,
muromo shwe!

Nditerereiwo

Imwi munozvirova dundundu,
munozviti tisu makonya,
munoti kugona kwenyu, ndimwi!
Pawakatsika apo unoti ndiwe?
Nditerereiwo!

Ungave wakadikitira zvakadini,
asi pawakatsika handiwe munatsi!
Ziva, chara chimwe!

Asi chinyinhai?

Nhai mukunda wangu,
maziso aputike here nekusvinura?
Ndasvinura ndasvinurazve kusvinurira zvisipo!
Ndichiti pada ndichaona wauya,
wauya naye mukwasha anoridza zvake zvanza!
Zheve ndazarura ndinzwewo bububu!
Zvawabubudza wani, waibva?
Dai uri muzhanje wakatopera nekukuzhwa!

Asi nhai mwanangu!
Ndoita huambuya hwoperera kumichovha here?
Uko kune wese anongoti pano "ambuya" apo "ambuya"?
Ndodawoka anouya achiremerwa netuupfu!
Anouyawo achitinha yeumai inotsika!
Asi chinyi nhai mwanangu?

Gore idzva

Tapinda mariri gore dzva,
ndacheuka kutsvaka icho chitsva.
aizve, ndini ndisingawoni nhai!
Pataimboti 2014 tave kuti 2015,
pandakapedza gore ndine tumariwo,
iyezvi ndiri wanga.
Twese twakapera mukupembera.

Pataimbofamba nemichovha,
mazuvano tiri kutikida.
Totikida nadzo motokari dzewedenga,
dzakadhindwa nambabhureti efu zero zero ti (F00T).
Unosarosvika wapera basa nekurukutika,
asi wasvika hakozve!

Pataimboti tuzai netuno twechirungu,
aiwa, tave kurarira mungai!
Tototendaka, nekuti kune vari kurarira mvura!

Kubasa kwaive kubasa gore rapfuura,
rino iri tombonoforera kumwe navamwe,
kana kumbaiti go hedu pamba!

Ndiroka redu goredzva.
Zvinopera here zvitsva?
Hameno kwenyuwo ikoko!

Rutendo

Rwendo rwekunyora, rwendo rwevazhinji. Unogona kugara pasi wonyora
wega, asi zvinorutswa nepabepa hupenyu. Upenyu hwemunhu muvanhu,
hupenyu hwekufara, kusuwa, kuvimba, kuvimbika zvichingodaro.
Tinozosara toti nyanduri Ushehwedu Kufakurinani asi vananyanduri
chaivo ndeavo vanenge vakafamba rwendo rweuhupenyu naye. Nekudaro,
rutendo kumhuri, hama neshamwari dzinofamba rwendo rwehupenyu
neni.

Ushehwedu Kufakurinani akaberekwa KuBikita pachipatara cheSilveira mugore ra1982. Mudzidzisi paYunivhesiti yeSussex. Akaita zvidzidzo kusvika pachikamu chePhD paYunivhesiti yeZimbabwe. Akadzidzawo kuBata Primary achizobvapo achienda paLoreto apo akatanga nekupedza makore ake ezvidzidzo zvesekondari. Anofarira kunyora nduri dzine madingindira akasiyana siyana. Anofarirazve kusimbiswa kwemitauro yedu yechivanhu. VaKufakurinani vane nhetembo dzinechitsama dzimwe dzinowanikwa mumabhuku *Shoko Harivhikwe, Gwatsvira reNhetembo* na*Hodzeko YeNduri.*